O QUE É ESTRATÉGIA?

O QUE É ESTRATÉGIA
© Almedina, 2023
AUTOR: Silvio Meira

DIRETOR DA ALMEDINA BRASIL: Rodrigo Mentz
EDITOR: Marco Pace
EDITOR DE DESENVOLVIMENTO: Rafael Lima
ASSISTENTES EDITORIAIS: Larissa Nogueira e Letícia Gabriella Batista
ESTAGIÁRIA DE PRODUÇÃO: Laura Roberti

REVISÃO: Elcio Carvalho
DIAGRAMAÇÃO: Almedina
DESIGN DE CAPA: Roberta Bassanetto

ISBN: 9786587019734
Outubro, 2023

Dados Internacionais de Catalogação na Publicação (CIP)
(Câmara Brasileira do Livro, SP, Brasil)

Meira, Silvio
O que é estratégia? / Silvio Meira. — 2. ed. —
São Paulo : Actual, 2023.
ISBN 978-65-87019-73-4
1. Competências 2. Estratégia 3. Filosofia
4. Filosofia austríaca 5. Habilidades
6. Wittgenstein, Ludwig, 1889–1951. Tractatus
logico-philosophicus I. Título.

23-168051   CDD-100

Índices para catálogo sistemático:

1. Estratégia : Filosofia 100
Eliane de Freitas Leite - Bibliotecária - CRB 8/8415

Este livro segue as regras do novo Acordo Ortográfico da Língua Portuguesa (1990).

Todos os direitos reservados. Nenhuma parte deste livro, protegido por copyright, pode ser reproduzida, armazenada ou transmitida de alguma forma ou por algum meio, seja eletrônico ou mecânico, inclusive fotocópia, gravação ou qualquer sistema de armazenagem de informações, sem a permissão expressa e por escrito da editora.

EDITORA: Almedina Brasil
Rua José Maria Lisboa, 860, Conj. 131 e 132, Jardim Paulista | 01423-001 São Paulo | Brasil
www.almedina.com.br

O QUE É ESTRATÉGIA?

Silvio Meira

2023

Este pequeno livro é dedicado a todos
que algum dia se preocuparam com
o que é estratégia.

O autor agradece a...

André Neves, Claudio Marinho, Francisco Saboya,
José Paulo Cavalcanti Filho, Kennedy Michiles
e Marcelo Navarro Dantas,
pela leitura crítica do texto original;

Chico e Claudio, eternos companheiros
de peripécias e reviravoltas, em particular,
pela apresentação e prefácio;

Katia Betmann, de forma muito especial,
pela imensa paciência que tem com o autor.

Recife, 2021

Apresentação
Um pensador no futuro

Para entender esse livro é preciso entender um pouco do próprio Silvio. É engenheiro eletrônico, professor e cientista da computação. Publicou mais de 300 artigos científicos, dá aulas há mais de 40 anos e já orientou cerca de 150 dissertações e teses de mestrado e doutorado.

É também um empreendedor, não do tipo convencional – aquele que estrutura e desenvolve seu próprio negócio [19: a, b, c] e que, observadas as condições de sustentabilidade [0: b] ambiental, contribui indiretamente para o crescimento econômico e o bem estar social. Silvio é um empreendedor de um corte mais raro, aquele cujo objeto de negócios já é um bem social em si e tem por propósito [15: a, b, c, d, e] a entrega de valor [9: c] coletivo. Silvio foi um dos responsáveis pela consolidação do Centro de Informática da Universidade Federal do Pernambuco (UFPE), além de idealizador e criador do Centro de Estudos e Sistemas Avançados do Recife (CESAR) e do Porto Digital. Para se ter uma ideia do impacto de sua liderança [16: a, b, c], experimente, num exercício de abstração, retirar estes três empreendimentos da realidade do Recife e veja como fica.

Silvio também é batuqueiro de maracatu, ofício que exerce com dedicação desde que retornou de seu doutorado nos anos 80. Em qualquer outro lugar, poderia parecer folclorização de um *hobby* pessoal. Mas no Recife, a capacidade de conjugar num mesmo ecossistema [7: a, c] ciência e cultura, arte e tecnologia tem sido um dos fatores responsáveis pelo vigor da vida social e econômica da cidade nos últimos 30 anos.

Um registro que não pode passar em branco no currículo de Silvio: no início dos anos 90 – tempo de reencontro da cidade com sua secular inquietação criativa e autoestima – essas duas dinâmicas acima, assimétricas e via de regra excludentes, eram tão entrelaçadas que quase não havia distinção entre as palavras *beat* [unidade rítmica] e *bit* [unidade computacional]. Entre outras razões, porque uma das primeiras incubadoras de negócios do Recife se chamava BEAT – Base de Empreendimentos Avançados de Tecnologia; e o *website* que precariamente reverberava a nova cena da cidade, em especial a música, se chamava MANGUE BIT. Silvio jogava nas duas posições e ajudou a trazer esses dois mundos para a mesma mesa de bar.

Mas o que Silvio é mesmo é um grande pensador. Um pensador do século 21, dos tempos líquidos, do mundo das coisas incompletas e efêmeras. Do mundo digitalmente componentizado em modo Beta, do mundo Lego, que se reconfigura a todo instante por meio de inovações que trituram o presente de quem dá as costas ao futuro. Como pensador, Silvio debulha futuros para não ser regurgitado pelo passado.

Ele se diz um provocador, que é o oposto de doutrinador. Está certo. Provocar inquietações intelectuais no outro é um atributo de quem pensa. Em muitas décadas de convívio pessoal, asseguro que é isso que ele faz cotidianamente, ora com o rigor de um maestro de orquestra clássica, ora com a criatividade de um *jazz-band leader*. Seu papel de pensador foi cristalizado ao longo de uma vida de muita disciplina intelectual, leitura abundante sobre tudo, experimentação constante e ousada do novo, visão permanentemente conectada no futuro. E uma notável e generosa capacidade de compartilhar saberes.

No compasso de Morin, Silvio sabe que só é relevante o conhecimento que é submetido à prova da contestação. O resto é dogma. E ele renova essa postura aqui nesse livro, submetendo ao leitor suas ideias sobre estratégia e suas engrenagens de forma direta e concisa. Indo mais além, convida abertamente cada um a des/co/re-escrever tudo que está dito, se assim o leitor achar por bem. O livro então é só um pretexto para, e não um tratado sobre.

O tema estratégia é complexo e diverso quanto às abordagens, dependendo de contextos, finalidades e aplicações. Há correntes e adeptos de vários matizes. Sabendo que corre o risco de ser severamente questionado, seja por seguidores das escolas tradicionais [Ansoff, Ackoff, Drucker, Mintzberg, Porter...], seja por seguidores dos novos evangelizadores digitais [Ries, Blank, Brown...], Silvio escolheu falar de estratégia e submeter suas ideias de uma forma pouco ortodoxa.

Poderia ter optado por uma abordagem acadêmica, como cientista que é, escrevendo um livro de administração convencional, com conceitos, hipóteses, demonstrações de casos a partir de negócios reais, bem-sucedidos ou fracassados, citação de fontes etc. Mais ou menos, por exemplo, como fez em seu livro *Novos Negócios Inovadores de Crescimento Empreendedor no Brasil*. Mas como pensador, escolheu apresentar, numa linguagem natural, quase crua, *pensamentos aforísticos fragmentários e radicais, próximos da nudez da poesia moderna* (como Giron se refere à obra de Wittgenstein) sobre estratégia. Porque, reproduzindo o filósofo por ele referenciado nos prolegômenos, *ao fim de tudo, respondidas todas as questões científicas possíveis, ainda restarão intactos os problemas da vida.* E desses, a ciência não daria conta.

Sendo assim, melhor então provocar novas e melhores reflexões – no caso, sobre o tema estratégia –por meio de sentenças breves, austeras e sucintas, quase desprovidas de argumentos e só eventualmente acompanhadas de comentários a título de esclarecimento de um *statement* hierarquicamente superior. De resto, estilo absolutamente compatível com a nova ética tecnológica.

Silvio é um cientista da computação e escreve seus aforismos como se fossem códigos, logicamente articulados e aparentemente protegidos, quase criptografados, como um *blockchain* do pensamento moderno. Mas é somente aparência, pois ele logo revela a senha e compartilha o *token* para quem quiser explorar os 21 blocos da sua construção do conceito original sobre estratégia.

Essa linguagem fragmentária codificada é simultaneamente uma estratégia valiosa para aprofundamento das teses e uma fonte de desapontamento para quem, por falta de tempo, desinteresse ou inteligência estratégica [13: a, b, c] espera um roteiro para a competitividade superior [9: c, 10: a]. Se esse é seu caso, esse livro não é para você.

Já para o leitor curioso, aqui vai um alerta. O título do livro [*O Que É Estratégia?*] insinua que existe uma definição sobre o assunto. No epílogo, fica esclarecido que os 21 tópicos (que se desdobram hierarquicamente em 86 conceitos de primeira ordem, 127 de segunda ordem e 37 comentários), na verdade são uma introdução à questão *"o que é estratégia?"* ... Como se trata de um *work in progress*, o autor provoca o leitor a interpretar, estender e entender a aplicação de cada tese no seu contexto específico, a fim de construir sua própria arquitetura conceitual.

Como estratégia, aqui no livro, há viés predominante de negócios [17: b], e negócios estão associados a contextos específicos [1: d] e ocorrem em ecossistemas [19: c] variados, sendo o próprio negócio uma variável em si. É improvável que as 21 teses sejam aplicáveis por todos em todos os contextos, porém, dado o caráter pragmático dos negócios, a extração de benefícios práticos da estratégia requer de fato uma combinação objetiva de muitas dessas teses, limitada pelas capacidades das organizações [1: b].

A provocação, portanto, não é diletante. E ela demanda esforço. Silvio já deu as pistas, e ele próprio construiu o seu lego particular. Mas é só pra dizer que existem milhares de combinações que podem ser extraídas de múltiplas possibilidades abstratas e convertidas em soluções reais para os negócios.

[Como exercício lúdico... caso o leitor consiga explorar essas 21 teses sem acrescentar nenhuma outra, combinadas aleatoriamente, por exemplo, 20 a 20, ele teria um cenário de 21 possibilidades, esforço igual ao do autor; se a escolha for combinar 17 a 17 {ou seu simétrico 4 a 4}, o cenário vai a 5985 possibilidades. Fazer escolhas também é estratégia. E dá trabalho!]

Silvio já fez a parte dele. Mãos à obra!

Francisco [Chico] Saboya
Superintendente do SEBRAE Pernambuco
Presidente da ANPROTEC

Prefácio

Silvio é um viciado em palavras, sempre muito cheias de sentido. Desde pequeno, em Arcoverde, PE, quando lia dicionários inteiros, palavra por palavra. Foi lá também onde se tornou amigo de Francisco Saboya, o outro amigo-irmão com quem divido a honra e o enorme desafio de sintetizar o que achamos dessa sua nova empreitada, Saboya também muito fã do sentido das palavras. Vamos mergulhar no vasto universo de conceitos, práticas e mal-entendidos do que seria mesmo **estratégia**, percorrer junto com Silvio os 21 pontos com os quais encadeou o seu raciocínio sobre o tema.

Corri os olhos na primeira leitura e me detive em particular nos prolegômenos. Não por outra razão: cada parágrafo me parou no espaço-tempo da memória. **Sistemas. Linguagens. Ontologia**. E a referência a Wittgenstein, que está na base da minha formação em Ontologia da Linguagem da Escola Chilena de *Coaching* Ontológico.

Absolvido pela decisão de Wittgenstein, referida por Silvio, de renegar a **totalidade**, consegui domar o meu sentimento de culpa por tentar, em poucas linhas, extrair palavras/conceitos que me atraíram a curiosidade no texto denso do livro.

Vou começar avisando ao leitor que Silvio **programou** este livro, codificou, "codou". Rigorosamente. Não se iludam com o estilo aparentemente *powerpoint* que ele usou para estruturar a sua leitura. Você que sabe programar vai logo ver os *loops*, os *if-then*, se isso, então aquilo. As palavras/conceitos se entrelaçam em uma dança rigorosamente lógica e encantadora, absolutamente desnecessitadas de referências e "estudos de casos", típicos da caudalosa literatura sobre estratégia no mundo dos negócios. São armadilhas linguísticas. Quando você perceber, já estará "dentro" do programa.

Gosto quando ele fala que desenhar uma estratégia é desenhar um **sistema complexo**, em um **contexto** que não é estático nem determinístico. Que estratégia é o processo de transformação de **aspirações** em **capacidades**. E que lideranças estratégicas devem priorizar a antecipação de futuros, enquanto resolvem passados e orquestram o presente. Atenção para os verbos: **antecipar, resolver, orquestrar**. Não estão na frase por acaso. É o tempo tríbio [de Gilberto Freyre] que Silvio insistentemente nos lembra ser necessário levar em conta para desenhar e executar estratégias verdadeiramente relevantes e consistentes.

No 15º ponto, ele nos alerta: mesmo que os pontos de 1 a 14 já tenham sido entendidos e executados [recordem: vocês estão dentro de um programa...], estratégias dependem de **propósitos**. E mais uma vez me transportou para as distinções ontológicas entre declarações e afirmações. O propósito, diz ele, é **declarado** e existe numa tensão entre o **imaginário, ideal** e **real**. Gosto muito disso. Para mim, a construção do futuro [antecipação, nas palavras de Silvio] é uma disputa de imaginários. A gente declara o imaginado e corre atrás. Numa luta constante, na execução, entre o ideal e o real, o possível.

Aí ele já pode voltar, no *loop*, para a liderança. E diz: o principal papel da liderança, em um [eco]sistema, é articular, manter e evoluir seu **propósito**. Em **rede**. A liderança em rede tem uma dimensão essencialmente **humana**. Dialógica. Muito bom isso. Para nos lembrar o que nos distingue da máquina, na execução da estratégia, do "programa". E para não cometermos o erro de imaginar que estratégia é o **como**, esquecendo-nos do **que**, para **quem**, do **porquê**, preocupações tipicamente humanísticas e, portanto, dialógicas.

No 17º ponto, o autor vai buscar em Peter Drucker a formulação da **Teoria do Negócio**, ressaltando a tríade de premissas que substantivam a competitividade de qualquer empreendimento: a sua equação de **valor** [criação, entrega e captura], a **missão** da organização [o porquê da sua existência] e as suas **competências** nucleares [o que a destaca no ecossistema]. E chama atenção para a necessidade de validar constantemente essas premissas, fazendo-as passar pelo crivo de realidade.

No ponto seguinte, o **leitor** vai se ver preso na armadilha linguística do **autor**, e dessa vez é convidado a ingressar nas suas formulações mais recentes: em ecossistemas **figitais**, diz ele – ressaltando a aceleração do modo físico-digital de operação dos negócios propiciada pela pandemia –, a flexibilidade da estratégia depende da agilidade e velocidade de escrever [parte significativa d]a estratégia como **código digital**.

Pronto. O programa vai chegando ao fim. Estamos nas últimas linhas de código: a transformação de um sistema é a transformação da atual teoria do sistema noutra teoria, guiada por uma teoria de **mudança**. Temos que nos lembrar [*looping...*] que o futuro vem do futuro, no tempo das estratégias e que demanda atenção no **presente**.

Mas esperem. O livro ainda não acabou. Agora que começa o jogo. E está rodando na plataforma **strateegia.digital**, da TDS. company, onde Silvio é o cientista-chefe. Para cada um dos 21 pontos, ele fez um parágrafo com **questões essenciais**. Que estão sendo discutidas lá na plataforma, em rede.

O livro está **vivo**. E evolui. Cheguem lá.

Claudio Marinho
Co-fundador do Porto Digital
Diretor da Porto Marinho Ltda.

Prolegômenos

Este texto está num estilo que referencia e homenageia **Ludwig Wittgenstein** nos 100 anos da primeira publicação do *Tractatus Logico-Philosophicus* [**TLP**, no *Annalen der Naturphilosophie*, Leipzig, 1921], sem ter qualquer pretensão à consistência e precisão sintática e semântica da sua inspiração.

E se trata, claro, de uma explicitação incompleta do que **estratégia** realmente é.

No catálogo da Library of Congress [LoC] há 31.000 livros que tratam sobre estratégia só entre os publicados de 2010 a 2019, enquanto planejamento estratégico foi alvo de mais de 800 livros no período. Por repetitivo, incompleto e inconsistente que o conjunto seja como um todo, é muito. Esta é uma das razões pelas quais não tentaremos nem chegar perto do que poderia ser a completude de uma definição de estratégia. Até porque Wittgenstein, entre 1933 e 1939, renegou a totalidade que, em 1921, atribuía ao **TLP**. Entre as datas, Kurt **Gödel**, Alfred **Tarski**, Alan **Turing** e Alonzo **Church** acabaram com a ilusão de completude. Fazer o quê?...

Nossa singela tentativa é apenas explicar **o que é estratégia** para quem não necessariamente já refletiu sobre o assunto de forma sistemática; no **TLP**, o autor dizia já no primeiro parágrafo que...

Talvez este livro só possa ser compreendido por aqueles que já pensaram sobre os pensamentos nele expressos – ou tiveram pensamentos semelhantes. Portanto, não é um livro-texto. Seu propósito seria alcançado se desse prazer a uma pessoa que o lesse com compreensão.

Aqui, "**O que é estratégia?**" terá respostas que ao mesmo tempo são abstratas e têm um viés de **negócios**, implícito em quase todo o texto e até explícito em certas passagens. Não que a definição almeje codificar estratégia no contexto de negócios, muito pelo contrário; mas muito se fala, se escreve e faz de **estratégia** nos negócios, quase sempre sem que um pequeno número de participantes do processo, sequer consiga definir de alguma forma o que todos estão tentando fazer. Aí, talvez, o texto ajude a esclarecer algumas noções básicas.

Mas há algo que não discutiremos até versões bem mais elaboradas deste pequeno livro: a noção do que **Wittgenstein** muito bem denominava **Fragestellungen**, a *formulação das questões* às quais o texto tenta responder. À parte da questão-título, "**o que é estratégia?**", o texto corre naturalmente, tanto quanto possível, criado a partir de um *slide* que tentava explicar, numa apresentação de 2020, o que é – mesmo – uma **estratégia**.

Em particular, o interesse aqui são as **grandes estratégias**, e não os problemas menores do que se convencionou denominar *planejamento estratégico*. Porque impressiona como na maioria das instâncias onde se diz que há uma **estratégia**, o que existe são **aspirações**, ou só **declarações** de interesse, ainda assim muito mal alinhavadas. Mesmo quando se trata de países, e em especial de Brasil, assusta a falta de densidade do que se costuma chamar de estratégia, que quase sempre, até por isso mesmo e ainda bem, nunca são executadas de fato.

Parafraseando Paul **Ernst**, uma das influências de Wittgenstein, diferentes eras, ou tempos, dão origem a, ou são criados por, formas específicas de **linguagem** e sua expressão. A partir de um certo ponto, a linguagem que detemos e dominamos não mais consegue expressar – nem resolver – os problemas que foram criados pelo seu uso passado, a criar e|ou transformar sistemas. Aí é preciso evoluir, seja do ponto de vista intelectual, da imaginação – da ficção, da poesia...– e até espiritual, para que se atinja novos níveis de entendimento e descrição da realidade efetiva ou desejada dos sistemas ao redor.

Estratégias tratam de e se aplicam a **sistemas**, uma gama de **instituições** que vai do universo a negócios e pessoas. A busca de **processos** para **transformar sistemas** não pode se resumir ao empiricismo. Há que ser, também, **conceitual**, envolvendo até a redefinição da linguagem que é usada para descrever a busca e a estratégia, se e quando for o caso. **Wittgenstein** notava que quando a busca por respostas se dá dentro de um arcabouço definido, o problema é expressar questões e respostas, e não de descobri-las e clarificá-las ou de estabelecer ontologias, como seria o caso numa investigação filosófica minimamente significativa.

A fonte do entendimento das coisas é a reflexão em contexto, mas a maioria das decisões que as pessoas e instituições tomam não tem nenhuma base formal, apesar dos sinais de mudança no ar. Realizar experimentos e seguir o método científico era domínio exclusivo dos cientistas, mas parece que a **experimentação** para criar e evoluir **estratégias** começa a fazer parte da **cultura** das instituições de todos os tipos e portes.

Um dia, será a **norma**. E vamos achar muito esquisito que não era assim, que ficávamos seguindo exemplos, modelos e *benchmarks* que quase sempre davam errado, na prática, mas que todos seguiam, porque ensinados, ou porque alguém mandou. E isso era feito aleatoriamente, com muita energia, mas sem qualquer estratégia.

Nem tudo o que se sabe sobre **estratégia** pode ser dito em **três** palavras. Estratégia pode ser definida, como veremos, em **dez** palavras. Que se tornam cem, mil, milhões, como mostram os livros na **LoC**. Acima de tudo, é fundamental notar que o tratamento verbal dado à estratégia deve ser tal que tudo que seja dito **possa** vir a ser feito. Porque tudo, nos sistemas e na vida, são **escolhas**: de fazer algo ou não e, entre os fazeres, escolher quais, e quando, e onde, e principalmente por que. E **escolhas são estratégias**.

Este trabalho está em evolução e deve ser tratado como tal, e não como um tratado.

Esta versão é a 0.1, de 1 de setembro de 2021.

1. **estratégia** é o processo de **transformação** de **aspirações** em **capacidades**.

   a. **aspiração** é **alguma coisa** que deveria **existir** ou **algo** que deveria **acontecer**.

      i. as **aspirações mudam** na e com a execução da estratégia.

      ii. a **gestão das aspirações** é um condicionante para a execução da estratégia.

   b. **capacidades** são **competências**, **habilidades** e **recursos** para **realizar** aspirações.

      i. **competências** são a combinação de **conhecimento** teórico e prático, do potencial de **aprendizado**, de comportamentos, princípios e valores.

      ii. **habilidades** são aptidões para realizar, na **prática**, o que as competências possibilitam em tese.

      iii. **recursos** são os **meios necessários** e **suficientes** para que agentes desempenhem os papéis que habilitam a realização de suas competências e habilidades.

      iv. as **capacidades são desenvolvidas** na elaboração e durante a execução da estratégia.

      v. a **gestão das capacidades**, de forma dinâmica, é parte da estratégia.

   c. uma **transformação** é uma mudança **induzida** ou **espontânea** de um estado para outro.

      i. no processo de **transformação estratégica**, o estado de partida é um conjunto de **aspirações** e o de chegada outro, de **capacidades**.

      ii. uma **mudança induzida** é a modificação de uma **configuração sistêmica** para outra, desejada, de acordo com **regras** e **ações**, sob a égide de uma **agência estratégica**.

1. um **sistema** é um conjunto de unidades interdependentes ou que interagem regularmente, formando um **todo**.

2. uma **configuração** é o **arranjo** relativo, estrutural e estável, das partes que compõem um sistema.

3. **agência** é um processo temporalmente incorporado de **engajamento social**, informado pelo passado e orientado para o futuro e o presente.

4. a **rede**, formal ou não, de **pessoas** engajadas no **desenho** e **execução** da estratégia é o *locus* da **agência estratégica**.

iii. uma **mudança espontânea** é um processo de **adaptação** das capacidades existentes, causada por fatores ambientais.

1. nas mudanças espontâneas, a **agência estratégica** é inexistente ou se limita a reagir ao contexto ambiental.

2. em **grandes transições**, ou frente a **desafios estruturais**, sistemas que dependem apenas de mudanças espontâneas tendem a não sobreviver.

d. o **contexto** afeta e, muitas vezes, **define** a **estratégia**, quando não a [in]viabiliza.

i. **contexto** é a situação, condições interrelacionadas ou arcabouço em que algo existe ou acontece, o que pode ajudar a explicá-lo.

e. em qualquer **transformação**, o **foco** deve estar nas **pessoas** envolvidas e afetadas.

i. **empreitadas** e **empresas** são **abstrações**: o que importa, sempre, são as pessoas.

ii. uma **empreitada** é um projeto ou empreendimento, tipicamente difícil e|ou que requer grande esforço para atingir seus **fins**.

iii. uma **empresa** é uma entidade legal que representa uma associação de pessoas que compartilham determinados **objetivos**.

2. o **contexto** para **criação** e **execução** de uma estratégia é o seu **tempo**, **espaço** e **escala.**

   a. o **tempo,** no contexto de uma estratégia, tem pelo menos duas interpretações.

      i. o **tempo** como **escolha**, **decisão** ou **controle** de **quando** fazer algo.

      ii. o **tempo** como **encadeamento** de **eventos** nos quais **se faz** algo.

   b. o **espaço,** no contexto de uma estratégia, tem pelo menos duas interpretações.

      i. o **espaço** como **teatro de operações** onde a estratégia se desenrola.

      ii. o **volume**, no **espaço figital**, que se pretende **ocupar** através da estratégia.

         1. no **espaço figital**, a dimensão **física** é aumentada e estendida pela **digital** e ambas são orquestradas na dimensão **social**, em tempo quase real.

         2. o **tempo quase real** do espaço figital é o **tempo das pessoas** e suas interações, não o dos sistemas ou organizações.

c. a **escala** é uma medida da mudança que se quer causar com a execução da estratégia.

   i. a escala é determinada por sua **amplitude, profundidade** e **velocidade**.

      1. a **amplitude** é a medida do **quanto** do contexto será afetado pela estratégia.

      2. a **profundidade** é medida do **impacto** da estratégia no contexto afetado.

      3. a **velocidade** é a medida, em **eventos de mudança**, no tempo da estratégia.

d. o **contexto** depende de fatores **estruturais** e **conjunturais**.

3. o **contexto** no qual a **estratégia** se desenrola **não é estático** nem **determinístico**.

   a. o processo de **transformação** de aspirações em capacidades **muda o contexto**.

      i. a criação de **novas capacidades** abre caminho para **novas aspirações**.

      ii. a **percepção da estratégia** [pela competição, também] **cria novos desafios**.

      iii. **novos desafios** criam **novas oportunidades**, que ensejam **novas aspirações**.

   b. **agilidade** na **escolha** de **opções** e **experimentação contínua** evita **parálise analítica**.

      i. **agilidade** é a **habilidade** de **mudar** de ideia, plano ou posição eficientemente.

         1. **agilidade** demanda **conhecimento, entendimento, aceitação de risco** e **ação**, quase sempre em contextos dinâmicos e não determinísticos.

ii. a capacidade de **realizar experimentos** habilita a prospecção de **futuros**.

1. um **experimento** é um **procedimento científico** realizado para fazer uma **descoberta**, testar uma **hipótese** ou demonstrar **fato conhecido**.

2. **experimentos** obedecem a **métodos, processos** e **medidas**; a ausência destes quase sempre torna os experimentos inválidos e|ou seus resultados duvidosos.

4. toda **estratégia** depende de **fatores conhecidos, probabilísticos** e **desconhecidos**.

a. **fatores** são **fatos** ou **situações** que influenciam o desenrolar ou resultado de uma ação.

b. **nem todos** os fatores **são relevantes** para a estratégia, no espaço-tempo, o tempo todo.

c. **compreender** fatores que podem ser **conhecidos** demanda **pesquisa** e **experimentação**.

i. mesmo fatores **conhecidos** têm **probabilidade** não nula de mudar e|ou se tornarem irrelevantes com a **evolução** da estratégia.

ii. os fatores conhecidos devem estar sob **permanente investigação**, o que demanda uma capacidade de realizar **experimentos** [3.b.ii] eficaz e eficientemente.

d. avaliar fatores **probabilísticos** depende da criação, aquisição e gestão de **conhecimento causal**.

i. **conhecimento causal** é o pilar para **prever** o resultado da ação de algum agente com base em observações de situações em que a ação [ainda] não se realizou.

ii. **conhecimento causal** dos **mecanismos** por trás dos **fatores probabilísticos** é a base para a **robustez** e **confiabilidade** das previsões sobre sua **evolução**.

iii. o conhecimento causal envolve a consciência e compreensão das **relações de causa e efeito**, fundações da cognição humana, **inseparáveis do pensamento** e **essenciais** para a **sobrevivência** e para o **sucesso** das **estratégias**.

e. certos **fatores** são **desconhecidos** em função da **ignorância dos agentes** estratégicos.

i. o **nível de ignorância** de um agente depende do contexto de sua ação.

ii. a um **agente cognitivo** se pode atribuir um ou mais de **cinco níveis de ignorância**.

1. detém conhecimento, **capacidade** e **habilidade** para **fazer** algo e **faz**.

2. detém conhecimento e capacidade, mas **não a habilidade** para fazer.

3. **reconhece limites** do seu conhecimento e **tem meios para aprender**.

4. **não reconhece** limites do conhecimento, e **não sabe o que não sabe**.

5. **não tem mecanismos** para descobrir que não sabe que não sabe.

iii. estratégias de **sucesso** quase sempre **demandam** agentes cujos níveis de **ignorância** estão entre 1 e 3 para muitas **combinações** de conhecimento, capacidade e habilidade.

iv. estratégias **desenhadas** e|ou **realizadas** por agentes de níveis de **ignorância** 4 e 5 quase sempre **fracassam**, mesmo quando, por acaso, dão algum resultado.

1. reduzir a **ignorância** dos **agentes** cognitivos é essencial para o sucesso e a sustentabilidade das estratégias.

2. toda **estratégia sustentável** é, também, um processo de **transformação** de **pessoas**, de suas competências e habilidades.

3. **identificar** agentes nos níveis 4 e 5 é essencial para a **estratégia** e quase todos podem ascender aos níveis 3, 2, 1, desde que haja **estratégias** para **evolução** de seu **conhecimento, capacidades** e **habilidades.**

5. as **intenções, meios** de realização e **suas consequências** afetam a estratégia e seus resultados.

a. as **intenções** da **estratégia** e de **quem** a lidera definem grande parte de seu **resultado**.

i. a **estrada** para o **inferno** é pavimentada com **boas intenções**.

ii. a verdadeira **mudança** nunca acontecerá para quem não sabe o que **já** tem.

iii. **intenções verdadeiras** e **compartilhadas** determinam boa parte da estratégia.

b. o **equilíbrio** entre **intenções** e **meios** para sua realização é uma **chave** para a estratégia.

i. sob nenhum aspecto, as **intenções** – ou os fins – devem **justificar** os **meios**.

c. **efeitos colaterais** da criação e execução da estratégia podem ser **inúmeros**, muitos deles quase sem possibilidade de controle, gestão e | ou articulação pelos agentes estratégicos.

    i. efeitos **negativos devem** ser mitigados, enquanto os **positivos podem** ser aproveitados.

6. toda **estratégia** depende da **coerência** das aspirações, **habilidade** da gestão e **paixão** na execução.

a. a **coerência** das **lideranças** ao **determinar, articular** ou **consolidar** as **aspirações** será **determinante** para o sucesso ou fracasso do **processo** de **transformação**.

    i. **coerência** é a **combinação** de conhecimento, competência e habilidades para estabelecer as [possíveis] **relações** entre as **aspirações** e o **contexto** estratégico.

        1. é melhor ter aspirações **muito altas** e não atingi-las do que tê-las muito baixas e atingí-las; as muito baixas quase nunca aumentam a competitividade.

        2. é melhor tentar fazer o que **ninguém fez** ou **faz**, ser criticado e ter **resultados** do que fazer o que todos fazem, ser aplaudido e não tê-los.

b. a **habilidade** da **gestão** para **influenciar, motivar, mobilizar** e **engajar** pessoas como agentes estratégicos, no desenho e execução da estratégia, definirá o resultado da transformação.

    i. se as **pessoas**, como agentes estratégicos, não acreditam na **coerência** das aspirações e não há **habilidade** na gestão, não haverá **paixão** na execução.

    ii. há **três erros** calamitosos que se pode cometer ao longo do **caminho estratégico**: não **começar** [se der], ser **liderado** por **incompetentes** e, por fim, não ir até o **fim** [se puder].

1. **incompentes** não têm conhecimento e habilidades para fazer e | ou liderar a feitura de algo que deveria ser feito [4.e.i-iii].

iii. **influência, motivação, mobilização** e **engajamento** sem base em **conhecimento, capacidades** e **habilidades** não é sustentável e não serve à **estratégia**.

c. a **paixão** na **execução**, nas bordas, onde está a ação que implementa a estratégia, é **insubstituível**, mas de pouco adianta sem **habilidade** da **gestão** e **coerência** das **lideranças**.

i. em última análise, cada **pessoa** – como **agente** estratégico – é um **voluntário** e pode escolher não estar ali.

ii. toda estratégia **depende** de **todos** que dela dependem [de uma forma ou outra].

1. o sucesso da estratégia deve **reconhecer, recompensar** e **remunerar** as pessoas, criando **energia** que dá **continuidade** à empreitada.

iii. sem **esforço**, não há **progresso**; mas sem **progresso**, não há **esforço**.

1. **medir** avanços e retrocessos, sempre, é a base para **entender** cenários, desafios, oportunidades, erros, acertos e a **evolução** da estratégia.

2. o objetivo da estratégia não é **desenhar** grandes **planos**, mas **produzir** grandes **resultados**.

3. a **consciência** de que haverá **avanços** e **retrocessos** é a base para festejar os avanços como se deve e **não confundir** retrocessos com fracassos.

7. toda **estratégia** se desenrola num **ecossistema**.

    a. um **ecossistema** é o complexo de instituições, organizações e agentes num determinado ambiente **figital** e suas **interrelações** numa certa unidade de **espaço-tempo**.

    b. a **configuração** de um ecosssistema é o **arranjo** relativo, estrutural e metaestável da rede de sistemas que o compõem.

        i. **metaestabilidade** é um estado estável, mas diferente do estado de menor energia, de um sistema dinâmico.

        ii. certas **metaestabilidades** são estáveis o suficiente para criar uma **ilusão** de estabilidade, de ecossistemas que sempre foram, são e sempre serão "assim"; ledo engano.

        iii. **agentes estratégicos** não devem confiar em **metaestabilidade ecossistêmica**.

    c. ecossistemas são **redes** complexas **de sistemas**, nas quais valem os **efeitos de rede**.

        i. **efeitos de rede** são fenômenos que tornam a **utilidade** de uma ação [ou produto, serviço...] dependente do volume de agentes que se aliam a ela [ou fazem uso deles].

            1. alguns dos principais **fatores** competitivos e **mecanismos** de defesa e sustentabilidade de uma estratégia estão associados a efeitos de rede.

        ii. parte dos **efeitos colaterais** [5.c] da criação e execução da estratégia são efeitos de rede e **devem** ser tratados como tal.

        iii. nem todos os agentes estratégicos têm **poderes de rede** necessários para criar **efeitos** correspondentes nos ecossistemas em que se desenrola sua estratégia.

d. agentes que não têm ou não conseguirão desenvolver poderes de rede **devem se aliar** a outros, que já têm, ou virão a ter, pelo menos alguns.

8. **grandes estratégias** modificam e|ou criam **tempo, espaço** e magnificam **escala**.

   a. **grandes estratégias** são aquelas cuja execução **altera significativamente** a **configuração do ecossistema** onde se desenrolam e|ou têm **alto impacto** em outros ecossistemas.

      i. **grandes alterações** e|ou **impactos** em ecossistemas quase sempre correspondem a **desafios** que exigem **grandes esforços** estratégicos para sua **concepção** e **execução**.

      ii. é **possível** que **grandes estratégias** sejam compostas, em parte, por transformações **espontâneas**, causadas por transformações **induzidas**, ao tempo do seu desenrolar.

      iii. mesmo **estratégias fracassadas** nos ecossistemas para os quais foram criadas e executadas podem ter **grandes impactos** em **outros ecossistemas**.

   b. **grandes estratégias** podem **cindir** ecossistemas existentes e|ou **criar ecossistemas.**

      i. grandes estratégias podem levar a **colisões** entre **ecossistemas**.

      ii. **colisões** entre ecossistemas **podem resultar** em nenhum, um, dois ou muitos ecossistemas, e cada um numa **configuração** não relacionada com os originais.

   c. todos os **sistemas** devem considerar **cenários futuros** nos quais **grandes estratégias**, fora de sua governança, **impactam** significativamente ou, talvez, **eliminam** seus **ecossistemas**.

    i. há **situações** em que, mesmo sob governança sistê-mica, **grandes estratégias** causam **efeitos colaterais** [5.c] capazes de **afetar**, ao ponto de **descaracterizar**, **ecossistemas**.

  d. o maior **impacto** das [grandes] **estratégias** é nas **pessoas**.

9. **pessoas** são **redes**.

  a. **pessoas não podem ser reduzidas** a corpos, mentes ou papéis sociais singulares como cliente, usuário, professor ou aluno, por exemplo.

    i. por isso, assim como países não têm cidadãos, **empresas não têm clientes**.

      1. os **comportamentos** das **pessoas**, num dado **ecossistema**, podem levar a **interações** e **transações** do tipo cliente-fornecedor com algumas empresas.

  b. cada **pessoa** é uma **rede** de **agências** em uma configuração **metaestável** e as estratégias devem tratá-las como tal.

    i. as **escolhas** das pessoas **influenciam** e são **influenciadas** por estratégias às quais elas estão sujeitas em um ecossistema em particular.

    ii. **coletivamente**, as escolhas das pessoas podem determinar, quase sempre em alto grau, o sucesso ou fracasso de uma estratégia específica.

  c. a **competitividade** e **sustentabilidade** de um **negócio**, num ecossistema, depende da **criação** e **entrega** de valor para **redes de pessoas** e da **captura** de valor nas mesmas ou em outras redes.

10. o sucesso de uma estratégia se mede em **competitividade** e **sustenta-bilidade** num **ecossistema**.

   a. **competitividade** [de uma organização] é o **conjunto** de competências, habilidades e recursos para **coopetir** num ecossistema.

      i. dois ou mais agentes **competem** [num ecossistema] quando o resultado de suas aspirações comuns ou similares é o mesmo e **não pode ser compartilhado**.

      ii. dois ou mais agentes **cooperam** [num ecossistema] quando **articulam** ações para atingir objetivos que podem ser compartilhados e **beneficiam a todos**.

      iii. um número de agentes **coopete** quando **compete** e **coopera** simultaneamente.

   b. **sustentabilidade** é a **habilidade** de atender demandas do presente sem comprometer as possibilidades do futuro, levando em conta **capacidades** e **recursos** do ecossistema.

   c. a **metaestabilidade** dos ecossistemas faz com que **competitividade** e **sustentabilidade** sejam metaestáveis e devam ser avaliadas, continuamente, como tais.

   d. **competitividade** e **sustentabilidade** não devem nem precisam competir entre si; o **objetivo** maior de qualquer estratégia é **atingir** uma **competitividade sustentável**.

11. toda **estratégia**, do desenho à execução, é uma **atividade econômica** e depende de economia.

   a. abstraídos todos os outros fatores, as estratégias **dominantes**, entre todas as que **coopetem** no|pelo mesmo espaço-tempo, são as **mais econômicas**.

   b. a **economicidade** de uma estratégia é um de seus fatores de **sustentabilidade**.

c. a **execução** de uma **estratégia** depende de mecanismos de **financiamento** e deve levar em conta a evolução de tais mecanismos e da própria estratégia no tempo.

    i. a **interrupção** do desenho e|ou execução da estratégia deve levar a uma **reflexão** sobre os porquês da interrupção e da estratégia.

    ii. o **recomeço** do desenho e|ou execução da estratégia deve levar em conta os **erros** e **aprendizados** de jornadas estratégicas passadas, **interrompidas**.

d. **recomeçar** uma estratégia que foi abandonada é quase sempre muito mais difícil do que desenhar outra, *ab initio*, principiando pelos cenários e personas.

12. estratégias **mais flexíveis** têm **vantagens competititivas** sobre outras, **mais inflexíveis**.

a. no **mundo real** a maioria das interações **não é linear**; mudanças são a norma.

    i. **mercados** e **negócios** são parte do mundo real e estão **sempre em fluxo**.

b. **flexibilidade** é a propriedade de algo ou alguma coisa ser [facilmente] modificada e|ou a **habilidade** de mudar e fazer compromissos.

    i. uma **medida** da **inteligência estratégica** é a **habilidade** de **mudar**.

c. nos **ecossistemas** onde as estratégias se desenrolam, **agentes** causam **efeitos** que modificam o contexto em graus variados de **amplitude**, **profundidade** e **velocidade**.

    i. a **configuração** de **ecossistemas figitais** é modificada pela introdução de **código [digital]** – como **agência** estratégica – que **reescreve** [parte d]os **fundamentos** de sua rede.

ii. o **domínio** das competências e habilidades para **escrever código** e a flexibilidade de sua estratégia são **determinantes** para a **flexibilidade** da estratégia que a encapsula.

iii. **nenhum** sistema – *per se* – pede uma **estratégia** de ou para **código**; mas **toda** estratégia [de um **sistema**] para um **ecossistema figital** demanda uma estratégia **de** e **para** código.

d. a **flexibilidade** das **estratégias** é diretamente proporcional à **agilidade** na tomada de **decisões**.

13. a **inteligência** é um dos suportes fundamentais da **flexibilidade** e da capacidade de **mudança**.

a. **inteligência** é a **capacidade** de **adquirir** e **aplicar** competências e habilidades.

b. **inteligência estratégica** combina **informação**, **conhecimento** e **imaginação** para resolver problemas em **sistemas complexos**.

i. **sistemas complexos** são **redes** de [quase sempre muitos] **agentes** que interagem entre si e possivelmente com o **ecossistema** de múltiplas maneiras.

ii. **interações** da **rede** de agentes levam à emergência de **propriedades** do **todo** que quase nunca podem ser inferidas das propriedades das **partes**.

iii. **sistemas complexos** podem se **adaptar** e **evoluir** em muitas dimensões, respondendo a desafios internos e | ou do ecossistema.

iv. a **economia** é um **sistema complexo**; e quase todo **negócio** também.

c. **inteligência estratégica** é a habilidade de **perceber, sintetizar** e **integrar** elementos que funcionam como um **todo** para atingir **objetivos** comuns.

d. a **presciência** é essencial à **estratégia**; interpretar o contexto de ecossistemas em **fluxo** é fundamental para desenhar e executar qualquer **transformação induzida** [1.c].

e. **desenhar** uma **estratégia** é **desenhar** um **sistema complexo**.

    i. não há **inteligência estratégica** significativa a menos que a **estratégia** tenha sido **entendida**, mas não se pode **entender** a **estratégia** sem **inteligência** sobre ela.

    ii. o **desenho** da **estratégia** não pode ser isolado de sua **execução**; eles se **influenciam**, se **adaptam** e **evoluem**, **mútua** e **simultaneamente**, no espaço-tempo.

14. **iniciativas estratégicas** demandam **entendimento** e **execução diligente** de seus **fundamentos**.

a. **estratégia** não é **operação** mas, num sistema existente, **coexistirá** e **coopetirá** com ela.

    i. a **operação** de um **sistema** é parte **execução** do presente, parte **resolução** de passados e parte **antecipação** de futuros.

    ii. **lideranças estratégicas** devem priorizar a **antecipação** de futuros, enquanto resolvem passados e orquestram o presente.

    iii. enquanto as **lideranças** priorizam a **antecipação** de **futuros**, a **gestão** deve priorizar a **execução** do **presente**, ao mesmo tempo que resolvem passados e antecipam futuros.

b. **estratégias** antecipam **futuros**; mas precisam de tempo, no presente, para acontecer.

    i. **futuros**, nos sistemas, são **experimentos**, e não imaginação ou continuidade.

    ii. o **tempo** que se **cria**, no presente, para o futuro, cria **potencial estratégico**.

iii. **criar** mais **tempo** para o **futuro**, no **presente**, cria mais **futuros** no **futuro**; e **espaço**, também. É fundamental resistir à **tentação** de, **no** presente, viver **só o** presente.

c. a **execução** de uma **estratégia** depende de agentes estratégicos **aprenderem** novos conceitos, **esquecerem** alguns que já sabem e **reaprenderem** outros que já souberam.

i. **aprender** não é processar e repetir informação; aprendizado é **transformação**.

ii. no **aprendizado estratégico**, a ênfase migra de informação para **imaginação**, da educação pretendida para **aprendizagem emergente**.

d. grandes lideranças estratégicas criam **oportunidades** de **aprendizado** para que todos aprendam sobre **seus futuros** e não sobre seu passado ou o dos líderes.

e. em tempos de **destruição criativa**, a **agilidade** e **velocidade** de **aprendizado** quase sempre definem as **possibilidades estratégicas** de qualquer sistema, em qualquer ecossistema.

i. o tempo é de **destruição criativa**, catalisada por um **choque digital** nos ecossistemas.

ii. um **aprendizado** essencial nos negócios, agora, é descobrir respostas à pergunta "**fôssemos** um novo negócio, **sem legados**, qual **seria** nossa estratégia?"

iii. outro **aprendizado** essencial, agora e sempre, é descobrir respostas à pergunta "sendo o que **somos**, **com** os **legados** que temos, qual **será** nossa estratégia?"

iv. o **desenho** e **execução estratégica** deve descobrir **perguntas** como [ii, iii], encontrar **respostas** minimamente viáveis e trabalhar com elas de forma **paraconsistente**.

f. todos os **espaços-tempos** passam por **destruições criativas**, continuamente; negar sua **possibilidade, existência** e **consequências** condena a estratégia, o futuro, e o presente.

15. mesmo quando **1-14** estão entendidos e executados, **estratégias** dependem de **propósitos**.

a. **propósito** é a razão, intenção ou objetivo que leva algo ou alguma coisa a existir ou ser feita.

b. o **propósito** deve estar associado ao **que, para quem** e **por que** fazer qualquer coisa.

c. **propósito** é o **compromisso** de realizar **ações** que levarão algo a **existir** no **futuro**.

d. o **propósito** é declarado e **existe** numa tensão entre o **imaginário, ideal** e **real**.

e. nos **negócios**, o **propósito** deve estar entre os **axiomas** da estratégia, alinhando as **expectativas** internas e externas e balizando os **desafios** de curto, médio e longo prazo.

    i. **axiomas** são declarações ou **princípios** tratados como verdade, mas não necessariamente verdadeiros, como os princípios e valores de uma empresa.

16. o principal **papel** da **liderança**, em um [eco]sistema, é articular, manter e evoluir seu **propósito**.

a. **liderança** é o processo de motivar **pessoas** a **colaborar** para superar grandes **desafios**.

    i. a definição clássica de **líder** [pessoa **responsável** por um grupo, país, situação...] não se aplica à liderança contemporânea.

        1. o *locus* da estratégia é uma **rede**, formal ou não, de **pessoas**; a **relação** e **interação** das pessoas, em rede, é **social** e fundamentalmente **dialógica**.

2. **liderança** não é [mais] um papel atribuído a uma só pessoa; **líderes** são agentes cognitivos em **rede**, que detêm competências e habilidades para **formar redes**.

3. a **liderança** em **rede** tem uma dimensão essencialmente **humana**.

b. **estratégia** é **transformação**, em **ecossistemas**, com foco nas **pessoas**; por isso, para alcançar o potencial da estratégia num ecossistema, a **liderança transformadora** deve ser **dialógica**.

   i. o **diálogo** é inerente à **natureza** humana; **viver** é participar de **diálogos,** que são fundamentais para **motivar, engajar** e **empoderar** pessoas em rede.

   ii. a **liderança transformadora** deve **estabelecer** e **evoluir** uma relação de **permanente diálogo** com as pessoas **envolvidas** e **afetadas** pela estratégia.

c. **liderança dialógica** é o processo que **cria, desenvolve** e **consolida** práticas de **liderança transformadora** em toda a **rede** de pessoas envolvidas e afetadas pela estratégia.

   i. o **diálogo** é apenas uma das **dimensões** da liderança.

   ii. **visão, imaginação, compaixão** e **responsabilidade** são só algumas das outras.

   iii. líderes **podem** ser **incoerentes**, mas **não devem** ser **inconsequentes**.

17. o **desafio estratégico** dos negócios é **o que** fazer e **para quem** e **por que** e não **como** fazer [o que for].

a. para cada **negócio** há pelo menos uma **teoria**, que tem suas **premissas** como fundações.

   i. uma **premissa** é uma expressão aceita como verdade ou para a qual se tem certeza de acontecer, sem provas.

b. a **teoria** do negócio é baseada numa **tríade** de premissas.

   i. as que tratam do **ambiente** de competição no ecossistema [a sociedade, mercado, clientes, tecnologias] e ao mesmo tempo **definem** a equação de **valor** do negócio.

   1. a **equação** de valor relaciona **processos** de **criação**, **entrega** e **captura** de valor que são essenciais para a **competitividade** e **sustentabilidade** do negócio.

   ii. as que definem a **missão** da organização, o **porquê** de sua existência, ao tempo em que também indicam a **diferença** que a ela causa no ecossistema e seus resultados.

   iii. as das **competências** nucleares do negócio, necessárias para dar cabo da **missão**, sinalizando no que o negócio deve se **destacar** para liderar o | no ecossistema.

c. para ser **útil**, a teoria deve ser **válida**, e deve passar por um crivo de **realidade**.

   i. as **premissas** sobre ambiente, missão e competências devem se **encaixar** na **realidade** ou **explicitar** [no mínimo] por que, para que, quando, com quem e como mudá-la.

   ii. as premissas [da teoria do negócio] devem acomodar-se **mutuamente**.

   iii. a teoria deve ser **conhecida, entendida** e **executada** por toda a organização.

   iv. a teoria deve ser **testada continuamente**, para validação perante **contextos** em fluxo permanente.

d. a **gestão** de qualquer negócio [ou sistema] é um **ciclo** de pelo menos três **fases entrelaçadas**.

   i. **definir** quais **mudanças** devem ser feitas na teoria do negócio.

ii. **transformar** as **mudanças** em execução, na prática, como **operações**.

iii. **avaliar** os **resultados** e recomeçar a definir **mudanças** [i].

e. A **teoria** do negócio, executada na **prática**, é a sua **cultura**; quanto maior o **hiato** entre as duas– como o negócio é definido e como ele existe – menor sua **sustentabilidade**.

f. a **cultura** de negócios sustentáveis é uma **estratégia** de mudança contínua.

18. **cultura** é transmissão situada de informação, é feita do e refaz o **código** de qualquer sistema.

a. o **código cultural** de um **sistema** são os **símbolos** e **complexos** de **significados** que têm uma **relevância** específica para os componentes do sistema.

b. em qualquer sistema composto por **agentes inteligentes** [como um país ou negócio], o **contexto** é de uma **rede social**, e a cultura é um **sistema complexo**.

c. **tradições** são as **crenças** e **comportamentos** que codificam **história**, **alianças** e **cultura** nos ecossistemas, na sociedade e nas organizações.

   i. tradições são **heurísticas** adquiridas no **passado**, em gerações [na sociedade] ou anos [ou décadas, nos negócios], que **otimizam** resultados no **presente**.

   1. **heurísticas** são processos mentais ou estratégias elementares para tomar **decisões** e encontrar **soluções** para problemas complexos.

   ii. **tradições** são preservadas através de **interesses** e **interpretações** complexas dos **guardiões** que as protegem.

   iii. **desafiar** e **mudar tradições** depende de descobrir suas origens e o que se perde e ganha com elas.

d. em **ecossistemas figitais**, a flexibilidade da estratégia depende da **agilidade** e **velocidade** de escrever [parte significativa d]a **estratégia** como **código digital**.

    i. em sistemas **figitais**, parte da **cultura**, **estratégia** e **operação** estão escritas em **código [digital]** executável por sistemas computacionais.

    ii. escrever **código** [computacional] é, em boa parte, escrever a **cultura** do sistema.

    iii. em sistemas **figitais**, **redesenhar** e **reescrever código digital** depende dos **códigos culturais** do sistema e, ao mesmo tempo, **reescreve** tais códigos.

e. em qualquer sistema, **cultura não come estratégia no café da manhã**.

    i. em alguns contextos, há uma ideia de que "a **cultura**, na forma da execução operacional, come a **estratégia**, como desenho do sistema, no café da manhã".

    ii. mas é a **operação** que **reprograma** estratégias ininteligíveis, ou inservíveis no contexto, desenhando e executando **sua estratégia** no tecido social do sistema.

f. a **cultura** de um sistema sustentável é **dinâmica**, em permanente processo de **formação, adaptação, evolução** e **transformação** ao longo do tempo.

19. a **transformação** de um **sistema** é a transformação da atual **teoria do sistema** $[t_1]$ noutra teoria $[t_2]$, guiada por uma **teoria de mudança** $[t_m]$.

    a. todo **negócio** é um **sistema**.

    b. todo **negócio** – um sistema – existe num **ecossistema**, que engloba o[s] seu[s] mercado[s].

c. a transformação [digital] de um negócio é a transformação da atual teoria do negócio [t_1] noutra teoria [t_2], guiada por uma **teoria de mudança** [t_m].

    i. a **transformação** ocorre no **contexto** do, afeta e é afetada pelo **ecossistema**.

d. ao afetar a **configuração** de um **sistema**, a **transformação** afeta sua **estabilidade**.

    i. em **mudanças induzidas** [1.c.ii], entender as condições de estabilidade atual **e** desenhar as possibilidades de estabilidade futura são parte da estratégia.

    ii. em **mudanças espontâneas** [1.c.iii], quase nunca há uma estratégia para desenhar as possibilidades de estabilidade futura do sistema.

    iii. no **ponto de partida** da transformação, o regime é de **divergências**, de prospecção de futuros, de experimentos que pouco afetam a estabilidade do sistema.

    iv. o **objetivo** de uma transformação é descobrir **convergências** que conduzam o sistema a atingir uma nova, competitiva e sustentável metaestabilidade.

    v. a **cultura** é a **teoria** do **sistema**, na **prática**; transformar o sistema exige **transformar** sua cultura e **transformar** a cultura demanda, em paralelo, **transformar** a teoria do sistema.

e. o **sucesso** de uma **transformação** depende do **tempo** para atingir uma nova **metaestabilidade**.

    i. quando o tempo de **instabilidade** se torna [muito] mais longo do que a **expectativa** dos agentes estratégicos, a transformação [quase sempre] entra em **colapso**.

    ii. a **gestão** do **tempo**, e das **expectativas** sobre ele, nas estratégias, é crucial.

20. no **tempo das estratégias**, o **futuro vem do futuro** e demanda **atenção do presente**.

   a. o **tempo é tríbio**.

      i. o **passado**, o **presente** e o **futuro** estão **relacionados** dinamicamente e acontecem, simultânea e intricadamente, no presente.

      ii. para as **pessoas**, passado, presente e futuro são vidas **vividas**, **viventes** e **previstas**.

         1. tratar as **percepções** das **pessoas** sobre o tempo deve ser um problema e objetivo maior de qualquer estratégia.

      iii. histórias, realidade e **aspirações** são **eventos** situados no passado, presente e **futuro**, respectivamente.

         1. no futuro, não há **ordem** estabelecida *a priori*; logo, qualquer ordem pode ser atribuída aos eventos.

         2. nas transformações **espontâneas**, os sistemas **aceitam** a ordem temporal **de** possíveis futuros.

         3. nas transformações **induzidas**, os sistemas **atribuem** uma ordem temporal **a** possíveis futuros.

   b. o **presente** é uma **máquina** de consumir **possíveis futuros**.

      i. quando um **futuro** é consumido pelo presente, se torna **realidade** – enquanto é consumido – e, logo após, realização, **história**, e passa a fazer parte do **passado**.

      ii. sistemas centrados no **presente** quase nunca influenciam os futuros que consomem.

   c. transformações induzidas **estendem o presente para o futuro** e de lá capturam eventos para o presente.

d. a **capacidade do presente** é finita; não há como todos os possíveis futuros acontecerem ao mesmo tempo, de repente, no presente.

e. **rupturas** acontecem quando alguma **transformação** de **aspirações** em **capacidades** provoca **mudanças fundamentais** na **configuração** de um **ecossistema** num espaço-tempo reduzido.

21. toda **teoria** de **mudança** é uma **estratégia**.

Epílogo

A arte da estratégia é de vital importância para todos os sistemas. É questão de vida ou morte, caminho para a sustentabilidade ou ruína. É assunto de investigação que não pode, em hipótese alguma, ser negligenciado.

Não é exatamente o que **Sunzi** escreveu na abertura da 孫子兵法 há 2.500 anos, mas é quase; o original é...

兵者, 國之大事, 死生之地, 存亡之道, 不可不察也。。。

com "Estado" no lugar de **sistemas** e "segurança" no lugar de **sustentabilidade**.

Não deixa de ser intrigante que uma referência fundamental para o estudo, desenho e execução de estratégias, foi escrita há tanto tempo, por um mestre de duvidosa existência histórica... codificando lições de quase tão imediata e simples tradução para a realidade contemporânea de instituições de Estado e mercado.

Mas é essencial notar que **A Arte da Guerra** precisa, para ser aplicada, passar primeiro por uma **interpretação** no **contexto** de seu uso, como era precisamente o caso quando foi escrita. O texto destas poucas páginas está muito longe de aspirar um *status* filosófico como o que é atribuído há muitos séculos à **Arte**, mas precisa ser interpretado, repensado, estendido e contextualizado para ser usado na prática, numa organização.

Os 21 itens das nossas definições e descrições deveriam ser tratados, cada um, como a estrutura de um capítulo de um livro que não foi e talvez nunca seja escrito, com o leitor preenchendo **entrelinhas**, entendendo muitas descrições como **provocações** — a serem respondidas, talvez refutadas.

Como houve uma deliberada intenção **minimalista**, talvez ainda não suficientemente elaborada, é preciso estender, muitas ou quase todas as vezes, cada item, para que seja apropriadamente interpretado e relevante em uma dada situação. Este **encargo** fica para o leitor, interpretando o **texto** em seu particular **contexto**, descobrindo o que, porque e como usar cada **fragmento** do que escrevemos no seu cenário. Se este livro-quase-folheto inspirasse livros inteiros, seria uma grande vitória para a comunidade de estudos e prática de estratégia.

Não foram poucas — e todas foram muito boas — as provocações para que o texto fosse mais parecido com uma história, talvez até com exemplos. Mas não será. A ideia por trás deste material, e dita só aqui, depois, é que ele seja capaz de causar **questionamento**, **reflexão** e **perplexidade**.

A tentativa de definir **o que é estratégia** em 21 **concisos** e **focados** temas — como se fossem, mas não são, **poemas** — foi pensada para levar a isso mesmo. São 21 **passos** como se fossem **código**, a guiar a leitura cada vez mais consciente do **significado** e das **implicações** do que é dito e está indicado no texto.

Nem a parte que está "pronta" desse texto se trata de um texto definitivo, nem era essa a intenção. Haverá *updates*, *upgrades* e talvez *forks*, pois **O QUE É ESTRATÉGIA?** será tratado como um **código**. O que, aliás, é.

Silvio Meira, Porto Digital, -8.063152717871219,
-34.87114780371448,
1 de setembro de 2021

Questões Essenciais

Nas páginas a seguir, há uma **questão essencial** para cada um dos **21** tópicos do texto. Para cada questão essencial, há um QR Code que levará o leitor direto para a plataforma **strateegia.digital**, como parte de um grupo de leitores onde as **questões essenciais** estão sendo discutidas, em rede, numa plataforma que foi desenhada e existe para a criação, manutenção, adaptação, evolução e transformação de estratégias e das teorias dos negócios.

Uma **questão essencial** sobre o **primeiro tópico**, a definição de estratégia em 10 palavras, que por sinal leva a todos os outros 20 tópicos, **não é**, por exemplo, "**qual a sua definição de estratégia?**" Essa é uma pergunta aberta, sem contexto, que cria a possibilidade de ser respondida de qualquer forma e com qualquer conteúdo que pode ser avaliado do mesmo jeito. Além disso, tem um imenso potencial de não aprofundar nem um milímetro o entendimento do que é, de fato, uma estratégia. Ademais, como cada um pode, e dará sua resposta, é provável que não haja possibilidade de **acordo** entre os proponentes de cada definição para nifica-las numa única e mais apropriada definição.

Questões essenciais devem nos levar à **reflexão**; devem ser perguntas profundas, **desafiadoras**, quase sempre de difícil resposta, que estimulam o pensamento e provocam uma **transformação no entendimento** daquilo que se está **aprendendo**. Escrever uma questão essencial — para o autor — deve derivar de uma reflexão pelo menos tão ampla quanto a que se quer do leitor, ao respondê-la.

Respostas a questões essenciais se tornam muito mais interessantes quando são parte de reflexões em **grupo**. Daí a nossa convocação ao leitor para discutir as questões que se seguem na plataforma **strateegia.digital**, onde o time da **TDS.company** e convidados já incluíram debates de partida para cada uma das questões.

Tanto quanto o texto, todas as questões são **preliminares** e devem ser tratadas como incompletas, a ponto de provocar uma reflexão sobre sua validade em cada contexto particular. Seria muito interessante se, para cada questão essencial proposta, os leitores agregassem suas próprias, em adição, complementação e contraposição às que estão postas.

Este texto segue à risca a tese de que tudo o que se **aprende** vem de **hipóteses** sobre a **realidade**, **experimentos** para validá-las — ou não —, **inclusão** das hipóteses validadas em contexto como **axiomas** ou **leis** dos **ecossistemas** em consideração, elaboração de **mais** hipóteses... *ad infinitum*, passando pela eventual e necessária **revisão** espaço-temporal de axiomas e leis, sem o que qualquer **teoria** se descola da realidade e passa a representar um mundo que já não existe mais, como é o caso, e acontece na vida, no ciclo de tantas pessoas e instituições.

Caso queira, considere, depois de responder uma questão essencial lá na plataforma, evoluir um ou mais dos 21 tópicos você mesma. Não pense que uma questão essencial e suas respostas é suficiente para encerrar o debate em torno de qualquer tópico, desse texto ou não. E os tópicos do presente texto, como já dissemos, são somente uma introdução à pergunta... **"O Que é Estratégia?"**. O link para toda a jornada de questões é... bit.ly/srlmOQES.

Esperamos você lá na plataforma. Quanto mais gente, melhor para ainda mais gente, e para você também.

1. estratégia

se estratégia é processo de transformação de aspirações [o que se quer ser|ter] em capacidades [como ser|ter o que se quer], como escolher e definir as aspirações, em especial as que têm o potencial de serem transformadas em capacidades de forma efetiva e que levem a resultados de [grande] impacto?

o debate sobre esta questão está no *link* https://bit.ly/srlmOQES1, também registrado no *QR code* ao lado.

2. contexto

como o **contexto** para **criação** e **execução** de uma **estratégia** é o seu **tempo, espaço** e **escala**, e essas dimensões dependem da **percepção** dos **agentes estratégicos**, será que é possível, e em caso positivo, **como reduzir** os **riscos** da **intuição** dominar a **análise** na **interpretação** do **cenário** onde a estratégia se desenrola, ao mesmo tempo em que se **mitiga o risco** da análise não deixar nenhum **espaço** para **intuição**?

o debate sobre esta questão está no *link* https://bit.ly/srlmOQES2, também registrado no *QR code* ao lado.

3. contexto: nem estático, nem determinístico

o processo de **transformação** de aspirações em capacidades **muda o contexto** continuamente e o **número** e **complexidade** dos **fatores** envolvidos numa transformação **real** é quase sempre muito grande, além mesmo da capacidade de **percepção** e **interpretação** de qualquer **organização**. nesse contexto, como manter o **foco** no que é **importante** e **relevante**, de forma **eficiente** e **eficaz**?

o debate sobre esta questão está no *link* https://bit.ly/srlmOQES3, também registrado no *QR code* ao lado.

4. dependências

toda **estratégia** depende de **fatores conhecidos, probabilísticos** e **desconhecidos**; mas fatores **conhecidos** são **ignorados**, os **probabilísticos** não são **interpretados** como deveriam e quase nunca há formas de **descobrir** os **desconhecidos**. na era do **conhecimento**, estratégias dependem da **gestão estratégica** do **ciclo de vida** do **conhecimento** [no negócio]; como, na teoria e na prática, tratar de **problema** tão **decisivo**?

o debate sobre esta questão está no *link*
https://bit.ly/srlmOQES4,
também registrado no *QR code* ao lado.

5. intenções, meios e consequências

as **intenções** da estratégia e dos estrategistas, os **meios** de **realização** da estratégia e as **consequências** das ações afetam e contaminam a estratégia e seus resultados; é **possível** — e se sim, **como** — **equilibrar** intenções, meios, efeitos colaterais indesejados e consequências desejadas sem descambar para um **paradoxo paralisante**?

o debate sobre esta questão está no *link* https://bit.ly/srlmOQES5, também registrado no *QR code* ao lado.

6. coerência, habilidade, paixão

quase sempre se imagina **líderes apaixonados** pelas suas **aspirações** e uma **execução consistente** das **ações estratégicas** pelos **agentes** no **teatro de operações**. quais são as consequências **teóricas** [o **que** fazer] e **práticas** [**como** fazer o **que**] ao se estabelecer que a **estratégia** depende de **liderança coerente** e **execução apaixonada**?

o debate sobre esta questão está no *link* https://bit.ly/srlmOQES6, também registrado no *QR code* ao lado.

7. ecossistema, metaestabilidade

ecossistemas são **complexos** e **metaestáveis** e os agentes devem considerar que suas **estratégias** são **em** um **ecossistema** e não **de** ou **para** um deles. sendo assim, **como** tratar tal **contexto** e seus **sinais** de forma **holística** [um **todo** maior do que a soma das **partes**] e **alocêntrica** [com o **interesse** e atenção centradas nos **outros**]?

o debate sobre esta questão está no *link* https://bit.ly/srlmOQES7, também registrado no QR *code* ao lado.

8. grandes desafios, grandes estratégias

grandes estratégias sempre **transformam** o **contexto** onde acontecem e fazem isso de forma **difícil de prever**, principalmente sob o **efeito** de muitas transformações **espontâneas**. especialmente — mas não só — **se** e **quando** este for o caso, como tratar o **desafio** da **gestão estratégica** da própria **estratégia** em **ação** em tal **contexto**?

o debate sobre esta questão está no *link* https://bit.ly/srlmOQES8, também registrado no *QR code* ao lado.

9. pessoas: redes

pessoas são **redes** de **agências** em configuração **metaestável**. ou seja, cada **pessoa** é um **ecossistema**. pessoas **desenham** e **realizam** estratégias **para** criar **impacto** em [redes de] **pessoas**. quando as [redes de] pessoas estão preparadas para as transformações que **causam** e **são causadas** por uma estratégia? e o que fazer se **não estão**?

o debate sobre esta questão está no *link* https://bit.ly/srlmOQES9, também registrado no *QR code* ao lado.

10. competitividade, sustentabilidade, ecossistemas

o **objetivo** maior de uma estratégia é **atingir** uma **competitividade sustentável** para pelo menos um ecossistema. mas se o **espaço-tempo** for **amplo** o suficiente, **não há** registro histórico de **estratégias** que tenham levado a uma **competitividade sustentável. por que** este é o caso? **o que** e **como** fazer para que **não seja**?

o debate sobre esta questão está no *link* https://bit.ly/srlmOQES10, também registrado no *QR code* ao lado.

11. economia, economicidade

toda **estratégia** é uma **atividade econômica**. como tal, a **estratégia econômica** da estratégia **não** deve ser delegada apenas a **economistas** e **financistas**, mas o **potencial** econômico e as **necessidades** e **dificuldades** financeiras devem ser tratadas como **essenciais** para o sucesso da estratégia. o problema é... **como** e **por quem**?

o debate sobre esta questão está no *link* https://bit.ly/srlmOQES11, também registrado no *QR code* ao lado.

12. flexibilidade, competitividade

historicamente, estratégias **mais flexíveis** têm mais **competitividade sustentável** simplesmente porque a **dinâmica** dos **ecossistemas** assim o exige. também historicamente, **estratégias** são gravadas em **pedra** e muito **difíceis** de **mudar**. como lidar com **mudança**, e mudança **rápida**, onde se costuma esperar **estabilidade**?

o debate sobre esta questão está no *link* https://bit.ly/srlmOQES12, também registrado no *QR code* ao lado.

13. inteligência, informação

inteligência estratégica é a habilidade de **perceber, sintetizar** e **integrar** elementos que funcionam como um todo para atingir **objetivos** comuns. no **mundo figital**, estratégias são **figitais** e a **inteligência** depende da gestão **estratégica** do **ciclo de vida** de **informação** em um **sistema complexo**, fundação e|ou partícipe de um ou mais **ecossistemas**. **onde**, com **quem** e **como** sua **instituição** ou **negócio trataria** tal problema?

o debate sobre esta questão está no *link* https://bit.ly/srlmOQES13, também registrado no Q*R code* ao lado.

14. fundamentos, entendimento, execução

a **execução** apropriada de uma **estratégia** depende de **aprender** novos conceitos, **esquecer** alguns que já se sabe e **reaprender** outros que já se soube. como tratar tamanho **esforço cognitivo** enquanto se atravessa um espaço-tempo sob **efeito** de um **processo** de **destruição criativa** catalisado por um **choque tecnológico** digital?

o debate sobre esta questão está no *link* https://bit.ly/srlmOQES14, também registrado no *QR code* ao lado.

15. propósito

o **propósito** da **estratégia** é declarado e **existe** numa tensão entre o **imaginário** [o que poderia ser], **ideal** [o que deveria ser] e **real** [o que é possível fazer]. a **estratégia escolhe o que** fazer e o **propósito define porque** fazer. como **resolver disputas** e **alinhar** propósitos **conflitantes** que **competem**, entre eles, para **guiar** a estratégia?

o debate sobre esta questão está no *link* https://bit.ly/srlmOQES15, também registrado no *QR code* ao lado.

16. lideranças, redes

o processo de liderança dialógica **cria, desenvolve** e **consolida** práticas de **liderança transformadora** na **rede** de **pessoas** afetadas pela estratégia. discuta porque é quase **impossível** competir em **ecossistemas** sem **habilitar** e **empoderar** uma **rede** de lideranças dialógicas, ou refute tal hipótese, se possível, com **alternativas** e **exemplos**.

o debate sobre esta questão está no *link* https://bit.ly/srlmOQES16, também registrado no *QR code* ao lado.

17. desafio, estratégia, negócios

a cultura de um negócio é a **prática** da sua **teoria**; quanto maior o **hiato** entre as duas, mais **disfuncional** e menos **sustentável** ele é. considere o cenário de mudanças **rápidas** e de **grande** magnitude nos **mercados** e desenvolva como manter o **alinhamento** entre **prática** e **teoria**, aliado a **competitividade** e **sustentabilidade**.

o debate sobre esta questão está no *link*
https://bit.ly/srlmOQES17,
também registrado no *QR code* ao lado.

18. ecossistemas, código, cultura

em **ecossistemas figitais**, as **estratégias** dependem muito da **agilidade** e **velocidade** de escrever a **estratégia** como **código digital**. isso, por sua vez, **depende** da e deveria **mudar** a **cultura** do negócio, pois muda sua **teoria**, às vezes de forma **radical**. o que pode dar **errado**? o que fazer para dar **certo** — ou o **menos errado** possível?

o debate sobre esta questão está no *link* https://bit.ly/srlmOQES18, também registrado no *QR code* ao lado.

19. transformação, teorias, sistema, mudança

uma **transformação** afeta a **configuração** de um **sistema** e sua **estabilidade**. discuta **se, por que** e **quanto** o **sucesso** de uma **transformação** depende do **tempo** para atingir um novo **estado** de **metaestabilidade** do sistema e o **que** e **como** fazer para que tal estado seja atingido dentro do "**orçamento temporal**" do **sistema**.

o debate sobre esta questão está no *link* https://bit.ly/srlmOQES19, também registrado no *QR code* ao lado.

20. passado, presente, futuro

no **tempo das estratégias**, o **futuro vem do futuro** e demanda **atenção do presente,** que deveria ser, mas quase **nunca** é, uma **máquina** de consumir **possíveis futuros**. imagine e explicite, para um sistema de sua escolha, um **presente** que **traz futuros do futuro** e os **transforma** em *performances*. tal "presente", claro, é uma **estratégia**.

o debate sobre esta questão está no *link* https://bit.ly/srlmOQES20, também registrado no *QR code* ao lado.

21. teoria, mudança, estratégia

o último tópico do texto diz simplesmente que "toda **teoria** de **mudança** é uma **estratégia**". o que remete a leitura para o primeiro tópico, onde se diz que "**estratégia** é o processo de **transformação** de **aspirações** em **capacidades**".

a **intenção** deliberada de tal **arranjo** literário é a de **indicar** ao leitor que esse texto deve ser lido como se fora um **código**, dos que **programam entendimentos**, em que a **instrução** contida no **último** tópico remete o **leitor** ao **primeiro**, por conseguinte à leitura e reflexão **contínua,** e **indefinidamente,** dos vinte e um tópicos do livro.

reinterprete o **texto**, diz o autor. e reinterprete **sempre**; pois a **sintaxe** e a **semântica** do texto em **linguagem natural** explicitam apenas o **mínimo** do que se deveria saber sobre estratégia. a maior parte do **entendimento necessário** para tratar **estratégia** na **prática** só será adquirido se o **programa** embutido no texto for **executado na prática**, em contexto. aí, então, à **sintaxe** e à **semântica** se juntará a **pragmática** da **linguagem** da **estratégia**, incrementalmente **capacitando** cada leitor a, de posse de uma **semiótica** da **transformação, capturar, adquirir, estender, aumentar, habilitar**... seu conhecimento **prático — pragmático** — sobre **estratégia**.

se você não notou isso no **último** tópico, e de lá não voltou para o **primeiro**... primeiro, **volte**. depois, **responda** todas as questões essenciais **novamente**: suas respostas certamente mudarão, no mínimo em **largura, extensão** e **profundidade**, quase certamente em **repertório, imaginação, desenvolvimento** e potencial de **uso**... **prático**.

um **problema** não trivial é que, se você houver **entendido** a **diretiva** do último tópico e tiver **seguido** a **instrução** à risca - qual um **computador** - você não estaria lendo essa questão **agora**. se está, é porque escapou do *loop* do texto, algo que um computador **jamais** faria. e aqui chegamos à **última** questão essencial deste livro.

agentes inteligentes e **livres** — como humanos — não são determinísticos: uma parte de suas escolhas não decorre de **conhecimento** e **raciocínio causal**. e humanos não obedecem a todas as regras *ipsis litteris*, como mostra **seu** caso. essa é uma das razões pelas quais toda **estratégia** deve **articular** transformações **induzidas**, **espontâneas** e **flexíveis**, ao **mesmo tempo**.

dito isso, escreva uma **pequena grande estratégia** para seu **produto**, **serviço**, **negócio** ou **instituição**, que leve em conta o **texto** do livro, suas **reflexões** sobre ele, as **respostas** às **questões** essenciais **e**, em particular, **sua reflexão e resposta a esta última questão.**

o debate sobre esta questão está no *link* https://bit.ly/srlmOQES21, também registrado no *QR code* ao lado.